APOCALYPSE

DE 1821,

OU

SONGE D'UN HOMME ÉVEILLÉ.

APOCALYPSE

DE 1821,

OU

SONGE D'UN HOMME ÉVEILLÉ.

Par ALEXANDRE BARGINET (de Grenoble).

> Quelle Jérusalem nouvelle
> Sort du fond du désert brillante de clarté ?
> RACINE, *Athalie.*

Prix : 75 cent.

A PARIS,

CHEZ CORRÉARD et PONTHIEU, LIBRAIRES,
Palais-Royal, galeries de bois.

1821.

APOCALYPSE.

I. Eᴛ..... J'étais couché sur les bords d'un torrent qui descendait avec fracas des Alpes majestueuses. Une voix forte comme le tonnerre faisait retentir ces paroles sous le ciel : « Nations, levez-vous; car le moment est venu. La volonté du peuple ne sera pas vaine; elle sera accomplie comme la volonté de Dieu. »

II. Quels sombres tableaux s'offrent à mes regards attendris ! Que veulent ces veuves éplorées, ces enfants qui poussent des cris douloureux, ces guerriers désarmés et couverts de haillons ? .... Leurs plaintes s'amoncellent et roulent sur la tête des puissants comme le nuage qui recèle la foudre !

III. Rois de la terre, voilà donc votre ouvrage ! Ces infortunés demandent un appui; mais ils succombent sous le bras de l'oppresseur; ainsi le flexible rameau est courbé par le vent terrible du nord. Quelle main généreuse viendra t'arracher à la tempête, arbre maintenant dépouillé de verdure, qui naguère balançais dans les nuages ta tête majestueuse, en recevant les premiers rayons du soleil ? . . . .

IV. Un guerrier s'avance auprès de moi; jeune encore, il paraît épuisé d'années et de fatigues. Le fer ennemi a tracé sur son front des sillons de gloire; son sein est déchiré par les blessures que les lambeaux dont il est revêtu laissent apercevoir. « Que me veux-tu, soldat de la grande nation ? ton aspect m'arrache des larmes. . . . . que ta misère est honorable ! Laisse-moi toucher avec respect ces preuves de ta valeur. »

V. « Eh, quoi ! oses-tu parler de gloire ? Ils ont proscrit la race des héros ; ne vois-tu pas que mon front est dépouillé des brillantes couleurs de la liberté ? De tardifs remords ne rappelleront point la justice dans leurs cœurs endurcis. Je te plains, mon frère, d'avoir pitié de moi; si l'on te voyait tu serais perdu. Vois-tu ces spectres qui s'agitent autour de nous ? génies familiers de la tyrannie, leur souffle empoisonne , comme le vent qui apporte la peste dans le midi brûlant. »

VI. « Nos mains avaient brisé des couronnes et dispersé devant nous des nuées d'esclaves armés : alors les hommes des pays lointains baissaient devant nous des fronts humiliés. Que la patrie était belle dans ces temps fortunés, où la victoire faisait fleurir pour nous des palmes immortelles ! Alors l'ennemi superbe , nourri dans les forêts de la Germanie , n'avait point déshonoré le sein de notre mère. Elle était pure encore d'esclavage et de honte. »

VII. « Maintenant vois le crêpe funèbre qui couvre cette vaste étendue de terrain, où croissaient autrefois l'olivier nourricier, le chêne robuste et le laurier toujours vert : des ronces et des épines s'offrent aux regards du laboureur enchaîné sur sa charrue ; il semble que le génie des tombeaux étende sur ces lieux ses ailes noires et desséchées par les siècles. Mais, ô mon frère, pourquoi oses-tu me parler de gloire ? ils ont proscrit la race des héros. »

VIII. A ces mots, il s'éloigne en soupirant

et l'air, rempli des sons de sa voix, siffle dans la bruyère sauvage. Un nuage a fait disparaître à mes yeux cet assemblage douloureux d'infortunés et d'opprimés : veille sur eux, génie protecteur des nations courageuses, veille sur eux.....

IX. D'où partent ces cris tumultueux?.... L'air est sillonné par les éclairs, rapides précurseurs des orages. J'entends en même temps le chant de la victoire et l'hymne des morts. Quelle flamme brillante s'élève du midi, et couronne les hauteurs des montagnes de l'Ibérie? Elle forme sous la voûte de l'espace comme un fanal qui annonce au monde les grandes choses de l'avenir.

X. Mes yeux lisent à travers l'immensité des terres et des mers ! Une femme superbe s'avance près de moi : un long voile noir couvre son front, et laisse deviner ses formes célestes ; je vois une cuirasse sur son sein, une épée brille dans sa main, mais la tristesse règne sur son visage ; un lion enchaîné marche auprès d'elle, et un aigle plane sur sa tête. O femme, qui es-tu ?

XI. « Lève-toi ; bientôt les eaux de ce torrent remonteront vers leur source, et couvriront les montagnes, ses flots rouleront des cadavres et des ruines ; lève-toi, des objets extraordinaires vont s'offrir à tes regards, et j'ai le pouvoir de te dire ce qui est ; car le présent ne sera point un songe qui s'enfuit dans les vapeurs légères du matin.

XII. Baisse ton front vers la terre, et humilie-toi devant celui qui a tout fait. Écoute : autrefois j'habitais les mystérieuses cavernes des Druides ; maintenant que le son de leurs harpes d'or ne monte plus comme un encens propice vers le trône de l'éternel, je suis partout où gémissent mes enfants : mais réjouis-toi ; bientôt ce voile de douleur tombera, et je serai couronnée de fleurs nouvelles ; lève-toi, te dis-je ; je suis l'esprit des Gaules.

XIII. Ici la trompette sonna trois fois ; l'esprit m'avait sans doute environné d'une force surnaturelle, car je ne tremblai pas, et je vis qu'à ce son terrible, toute la terre était ébranlée et que les hommes fuyaient dans le silence des bois. Où courrez-vous, mortels insensés ? Cette voix imposante ne sera redoutable qu'aux méchants ; ils ont été trouvés légers dans la balance, et voilà que les choses vont s'accomplir.

XIV. · Des plaines sauvages où le zéphir qui féconde les fleurs ne fait jamais sentir sa douce haleine, où le Scandinave belliqueux essayait jadis sa lance meurtrière, jusqu'aux vallons enchanteurs d'Hémus et des rivages fertiles du Tage paisible, des cris de joie s'élèvent, et l'air se remplit de concerts harmonieux ; comme ces songes pénibles qui tourmentent les mortels, je vois s'enfuir dans les antres obscurs les fantômes du passé.

XV. Salut ! peuples heureux, qui portez en triomphe l'image de la liberté !.... Le vieillard décrépit a pris tout-à-coup les formes du jeune âge ; les autels ne sont plus entourés d'homicides sacrificateurs ; le prêtre, revêtu de sa robe de lin, lève enfin vers le Seigneur des mains pures du sang des mortels ; le laboureur voit la terre s'entrouvrir sans efforts, et ses libres travaux ne sont plus la proie de l'oiseau vorace et du loup destructeur.

XVI. Salut trois fois, murs antiques de Parthénope !.... Vous défiez maintenant l'avenir, et les fertiles champs que le Vésuve couvre de ses cendres engloutiront les barbares. Mais quel nuage de sang s'est donc levé sur Brutium ?.... Contre qui sont tournées ces armes parricides ? Le bonheur d'un peuple a porté le désespoir dans l'âme des puissants , et aussitôt leurs guerriers serviles se sont avancés comme des bêtes farouches contre les troupeaux paisibles.

XVII. Redoublez d'efforts, grands de la terre ! Serpents venimeux au milieu des sociétés ébranlées, faites entendre vos sifflements impurs ! le soleil sortira brillant du sein de l'Éternel; vous fuirez ses rayons créateurs, et les échos des montagnes retentiront de vos inutiles rugissements.

XVIII. Voix du peuple, apaise-toi ! le Seigneur a ordonné au jour de la justice de luire sur la terre; la foudre éclate, et le Vésuve remplit l'air de torrents de feu. Les entrailles brûlantes de l'Etna grondent sourdement, et le monde tressaillit sur ses vieux fondements. Voix du peuple, apaise-toi !

XIX. L'Ange exterminateur est descendu parmi les hommes; le sang coule sous son glaive. Lève-toi, Ligurie ! tes bataillons descendent des Apennins et des Alpes, comme des torrents vomis par l'orage; les enfants des cités remplissent les plaines de bruyantes clameurs; les peuples se heurtent contre les peuples, les temps anciens contre les temps modernes , et ce choc épouvantable fait sourire le sombre génie de la destruction, dont les bras hideux essaient d'embrasser le monde.

XX. Des nuages sombres partent des bords de la mer Noire, guidés par un monstre dont l'aspect est celui d'un horrible serpent; ses sifflements aigus retentissent des bords glacés de la Newa; ses ailes attisent les tempêtes, et une voix formidable crie devant lui: *Esclavage* et *Laybac.*

XXI. A ces mots les peuples frémissent comme le vent des montagnes. Ils se tendent une main amie, et le Seigneur a séparé les bons Rois qui s'unissent aux nations, des Rois qu'il donne dans sa colère. Un signe nouveau paraît dans le ciel; c'est l'arrêt des destins. Quelle terrible main va le mettre à exécution; je la vois s'appesantir sur la terre, et l'océan mugit jusqu'au fond de ses abîmes.

XXII. La trompette se fait entendre; elle annonce la victoire. Les barbares , frappés de terreur, s'enfuient vers leurs déserts glacés; le Dieu des armées leur a ôté l'esprit de son courage. Relève ta tête altière, ô fille de Romulus ! des chants libres et heureux retentissent dans les glorieux échos du Capitole. Rassurez - vous, vierges de Parthénope, vos frères et vos amants reparaissent vainqueurs. Parez vos fronts de lauriers, soldats de Léon, et vous aussi nobles enfants de la Lusitanie!

XXIII. L'esprit superbe des Gaules était toujours près de moi; il me fit signe de suivre ses pas, et je vis qu'il était temps de s'éloiguer; car les eaux du torrent s'élevaient au-dessus du rivage. Marchons, dit l'esprit; l'heure va sonner. Il me fit boire dans une coupe une liqueur dont le goût me parut délectable, et mon âme accablée par ces visions prophétiques reprit tout son courage.

XXIV. Je me trouvai sur les bords d'une mer orageuse, et je vis un vaisseau qui luttait contre des vagues irritées. J'entendais les cris des passagers, et je reconnus parmi eux cette troupe que j'avais déjà vue. O miracle! l'esprit s'élève au milieu de la tempête comme la volonté de l'Eternel parmi les hommes. Le voile qui couvrait son front est tombé dans la mer, et sa voix, plus forte que le cri de l'orage, fait entendre ces paroles : Ouvrez le livre, car le charbon et le feu ont épuré ce qui était.

XXV. Le front des rochers se couronne de verdure, et un bruit formidable s'élève autour de moi. L'esprit a donné aux hommes un signe nouveau, et ceux qui ne le portent pas sont précipités dans le torrent dont les eaux avaient été formées des larmes des malheureux.

XXVI. Je vois à ma droite le cadavre de l'ancien monde ; il est comme un monceau de cendres, et le vent qui mugit le dissipera comme une fumée légère : à ma gauche le soleil se lève radieux, et un monde nouveau s'offre à mes regards ; tous les hommes y portent le signe de l'esprit.

XXVII. Alors une voix qui partait d'en haut s'écria : Regarde si tout est achevé.... Et je vis la Liberté debout sur le sommet des Alpes.... sa tête se perdait dans les nues, et ses bra s'étendaient vers les deux pôles. La trompette sonna, et plusieurs étoiles tombèrent du ciel, comme des feuilles desséchées.

XXVIII. Telles sont les choses que j'ai vues et que j'ai écrites pour les hommes. Ceux qui ne craignent pas l'avenir attendront dans le silence ; les autres m'accableront d'injures qui passeront devant moi comme une ombre vaine. Ce qui doit être est déjà : le temps ne recule point ; sa course est rapide comme la pensée..... Et.....

Nota. La cause des MM. de Croy - Chanel et de Croy-d'Havré est maintenant portée devant la Cour Royale : on vient de remettre en vente la *Généalogie Critique et Littéraire* de ces deux maisons, aux mêmes adresses que cette brochure.

Sous presse, pour paraître incessamment, *L'examen Critique et Littéraire* de BRUNEHAUT et FRÉDÉGONDE, tragédie de M. LEMERCIER, ou Réponse aux cotteries et aux journalistes ; par ALEXANDRE BARGINET (de Grènoble).

DE L'IMPRIMERIE DE P. DUPONT.